CENDRILLON

Images de Jane King

CENDRILLON

d'après l'œuvre de Charles Perrault

Quand Cendrillon était très jeune, son père se remaria avec une méchante femme qui avait deux filles, Séraphine et Julie. C'est sa belle-mère qui la surnomma Cendrillon. Puis son père mourut et la méchante femme obligea Cendrillon à devenir la servante de la maison.

Un jour, un grand bal a lieu au château du Roi. Séraphine et Julie vont y aller.

— Cendrillon, dépêche-toi de finir ma robe ! grogne Julie.

Cendrillon sourit... mais, tout en cousant, elle rêve qu'un jour elle rencontrera un prince charmant.

Les deux sœurs sont enfin prêtes. Il ne reste plus qu'à coiffer Séraphine.

— J'aimerais vous accompagner, dit Cendrillon.

— Tes vêtements sont tout abîmés, se moquent les deux sœurs. Seules les belles dames sont invitées !

— Tant pis! Je garderai la maison... pense Cendrillon en agitant la main tristement.
— Profite de notre absence pour nettoyer les carreaux et cirer le parquet ! dit Julie avant de s'en aller.

Cendrillon se retrouve seule sur les marches de l'escalier et elle se met à pleurer :

— Pourtant, j'aimerais tant aller danser au bal...

A ce moment-là, une femme apparaît. Elle chantonne :

— Grâce à moi, tu iras au bal ! Je suis ta marraine la fée !

La fée secoue sa baguette : abracadabra bracadabosse !
Elle transforme une citrouille en carrosse, puis
elle demande à Cendrillon :
— Va vite chercher six lézards et plein de souris !
Abracadabra abracadabri !

Peu après, les souris deviennent des chevaux, les lézards des laquais et des serviteurs !
— Hum... dit la marraine en regardant Cendrillon, il manque encore quelque chose...

Un dernier coup de baguette magique et les vieux habits de Cendrillon sont transformés en une robe magnifique.
Alors, la fée dit à Cendrillon :
— Attention ! Au douzième coup de minuit, tout redeviendra comme avant. Ne l'oublie pas !

Cendrillon s'assied dans le carrosse et elle promet :
— Non, marraine, je ne l'oublierai pas. Avant minuit, je quitterai le palais du Roi. Au revoir et merci marraine !
— Au revoir ! dit la fée. Et ne t'inquiète surtout pas : tes sœurs ne te reconnaîtront pas !

Le carrosse magique emporte Cendrillon vers le château.
— Quelle est donc cette merveilleuse jeune fille ? s'étonne le prince, venant à la rencontre de Cendrillon. Personne ne la connaît, personne ne l'a jamais vue...

Pendant toute la soirée, le prince reste au côté de Cendrillon. Comme la fée l'avait dit, Séraphine et Julie ne reconnaissent même pas leur sœur, quand elle leur offre des fruits.

Soudain, les premiers coups de minuit retentissent. Affolée, Cendrillon se met à courir, laissant tomber une pantoufle de vair dans l'escalier... Quand le douzième coup de l'horloge retentit, carrosse, chevaux, laquais et beaux vêtements disparaissent aussitôt.

Le prince veut retrouver la jeune fille : l'un de ses serviteurs doit essayer la pantoufle de vair à toutes les jeunes filles du Royaume. Il épousera celle dont le pied se glissera parfaitement dans le soulier. Voilà donc le serviteur agenouillé devant Julie...

Bien sûr, les pieds de Julie et de Séraphine sont beaucoup trop gros ! Quand Cendrillon essaie la pantoufle, les deux sœurs se moquent d'elle :
— Hi hi ! Ce souillon veut épouser un prince charmant !

Au moment où Cendrillon glisse son pied dans le soulier, ses vieux habits se transforment et sa marraine la fée réapparaît. Prévenu par son serviteur, le prince arrive à son tour. On raconte que leur mariage eut lieu le lendemain et qu'ils vécurent longtemps très heureux.